본 격 대 결 과 학 실 험 만 화

내일은 실험왕 ㉔

본격 대결 과학실험 만화

내일은 실험왕 24 에너지의 대결

글 스토리 a. | **그림** 홍종현 | **감수** 박완규, 이창덕 | **채색** 이재웅, 손은주 | **사진** POS 스튜디오, Shutterstock, Wikipedia, 김현석
찍은날 2013년 6월 20일 초판 1쇄 | **펴낸날** 2013년 6월 25일 초판 1쇄
펴낸이 김영진 | **본부장** 조은희 | **사업실장** 이영호
편집장 문영 | **기획·편집** 이영, 조한나, 이종미, 김은미, 김찬희 | **디자인** 이유리, 박지연, 김리안
펴낸곳 (주)미래엔 서울시 서초구 잠원동 41-10 편집 02)3475-3920 마케팅 02)3475-3843~4 팩스 02)541-8249
출판등록 1950년 11월 1일 제16-67호 | **홈페이지** www.mirae-n.com

ⓒ 스토리 a.·홍종현 2013
부록으로 '바람의 힘으로 동력을 얻는 풍차 만들기' 실험 키트가 들어 있습니다.
저작권자의 동의 없이 무단 복제 및 전재를 금합니다.

ISBN 978-89-378-8407-8 77400
ISBN 978-89-378-4773-8(세트)

이 도서의 국립중앙도서관 출판시 목록(CIP)은 e-CIP 홈페이지(http://www.nl.go.kr/ecip)에서 이용하실 수 있습니다.
(CIP 제어번호 : CIP2013009034)

값은 뒤표지에 있습니다.
사용 연령 8세 이상
파본은 구입처에서 교환해 드리며, 관련 법령에 따라 환불해 드립니다. 다만, 제품 훼손 시 환불이 불가능합니다.

✱(주)미래엔은 대한교과서주식회사의 새로운 이름입니다.

본격 대결 과학실험 만화

내일은 실험왕 ㉔

글 스토리 a. | 그림 홍종현

아이세움
i-seum

차례

등장인물

범우주

소속 새벽초등학교 실험반.

관찰 내용

- 모든 사건과 음모는 자신의 천재성에서 비롯되었다는 과대망상에 푹 빠져 있다.
- 가설 선생님의 수제자가 되기 위한 필살의 실험을 찾는다.
- 허홍과 란이의 스킨십으로 화가 머리끝까지 난다.

관찰 결과 위기 탈출 해법도, 기쁨을 전달하는 방법도 모두 실험에서 찾는 이 시대 진정한 실험맨!

강원소

소속 새벽초등학교 실험반.

관찰 내용

- 물리 분야에서만큼 절대 강자로 통한다.
- 어릴 땐 지금과는 달리 아주 큰 눈웃음을 지었다.
- 모두가 떡볶이를 먹을 때 최고급 유기농 야채 샌드위치를 먹는 까다로운 입맛!

관찰 결과 어린 시절의 추억이 담긴 실험으로, 허홍과 쌓인 케케묵은 오해와 감정을 해소한다.

나란이

소속 새벽초등학교 실험반.

관찰 내용

- 위기 상황에 발휘되는 괴력의 운동 신경!
- 모르는 게 없는 원소에게 애정의 눈빛을 보내 우주의 질투를 유발한다.
- 허홍의 손을 먼저 잡아 모두를 놀라게 한다.

관찰 결과 호랑이를 만나도 정신만 똑바로 차리면 살 수 있듯, 위기 상황에서 더욱 빛나는 침착함!

하지만

소속 새벽초등학교 실험반.

관찰 내용
- 대결장에 울려 퍼지는 우주와 란이의 비명 소리를
  가장 먼저 듣는다.
- 가설 선생님의 수제자는 에릭 정도는 되어야 한다는 말로,
  우주를 자극한다.

관찰 결과 우주에게 건넨 농담이 본선 5차전 대결의
밑거름이 된다.

허홍

소속 태양초등학교 실험반.

관찰 내용
- 사상 초유의 돌발 행동을 저질렀다가, 그 대가를 톡톡히 치른다.
- 어린 시절부터 지금까지 변함없는 원소의 마음을 확인하다.

관찰 결과 이번 사건을 계기로 친구와 경쟁자를 오갔던 원소에
대한 감정에 변화가 생긴다.

천재원

소속 미래초등학교 실험반.

관찰 내용
- 불쑥 나타나 사건을 해결할 결정적인 단서를 주고,
  또 홀연히 사라진다.
- 우주와 함께 있으면 유독 신이 나 보인다.

관찰 결과 눈에 띄지는 않지만 언제나 우주 주변을
맴도는 듯, 우주의 행동반경 안에 있다.

❶   ❷   ❸

기타 등장인물

❶ 중요한 순간에 사건에서 빠져 버린 **에릭**.
❷ 벼랑 끝에 몰린 **태양초 교장**.
❸ 징계 회의에서 반전 발언을 하는 **가설 선생님**.

제**1**화

언제든지 널 이길 수 있어!

본선 4차전
태양초 VS 한별초

대결이 중반에 들어서고 있습니다만,
두 학교 모두 아직 이렇다 할 결과가
없군요. 어떻게 된 일일까요?

본선 대결이니만큼
중압감이 크겠지만,
빨리 벗어나야 합니다.
어느 팀이 더
집중하느냐가 승부의
관건이 될 것입니다.

강원소!

네가 나에게
지는 게
두려웠거든.

정정당당하게
실험하겠다고
약속해.

물론이죠.

음찔

오늘 우리의 승리로 본선 대결이 더욱 흥미진진해졌다는 것!

그리고 무엇보다 중요한 한 가지! 이 대회가 누군가에 의해 더 이상 더럽혀지지 않게 되었다는 것. 더 얘기해 볼까요?

?!

헤~

오늘 대결장이 더러웠어?

그러고 보니 먼지가 많았던 것 같기도……

쿡…

지금 네가 날 비웃어?

좋아. 그럼 이 대결장에서 가설 선생님을 다시는 볼 수 없게 해 주지!

더 축하해 주고 싶지만 이만 가 봐야겠습니다.

좀 더 철저히 회의 준비해야 돼서요.

후후……

스윽

!!

안 돼! 막아야 해!

범우주, 새벽초 실험 사고 원인이……!

두근

에테르라고 했던가?

응?

스윽

아, 그거! 맞아, 에테르!

갑자기 왜?

18

저벅

이, 이봐. 이게 대체 무슨 말인가?!

아, 아니지? 자네가 그날 사고에 관련이 있다니, 그게 말이 되는 소린가?

!!

아니라고 말해 보게! 그럴 리가 없잖아!

그깟 승리 때문에 아이들을 위험에 빠뜨리고, 한 선생님의 인생을 망가뜨리려 했다니! 자네가 그런 무서운 짓을 꾸몄을 리 없잖나?

덥석

파

22

어서 아니라고 말해 보래도?!

증거를 찾아야 해!

위원회가 열리기 전에 어서 증거부터 찾아야 해. 안 그러면 태양초 교장이 선생님을……

에릭!

선생님은 이제 네가 실험에만 전념하면 좋겠구나.

무슨 뜻인지 알지?

싫어! 난 선생님을 도울……

아잉~

마이 티처!

툭

와라

우, 우주야!

정말 선생님의 깊은 뜻을 모르겠냐?

더 이상 나서면 네가 다친다고.

잘생긴 얼굴 다치고 싶진 않겠지?

이 손 안 치워?

이제부터는 진정한 주인공인 내가 책임지겠어!

지금 장난할 때가 아니거든!

엑스트라는 이만 퇴장, 퇴장!

하아아아…

까룩

까룩

아직 상황 파악이 안 돼?

태양초 교장 선생님의 최종 목표는 바로 나라고.

무슨 소리야?

척

흥

다들 잘 들어 봐.

응!

선생님도 잘 들으세요.

그, 그러마.

끄덕

끄덕

실험 1 물레방아 만들기

인류는 아주 오랜 옛날부터 지금까지 연장이나 도구 등을 사용해 일을 보다 쉽고 편하게 해 왔습니다. 빗면의 원리를 이용해 무거운 돌을 옮겨 피라미드를 건설하고, 지렛대의 원리를 이용해 저울을 만들기도 했지요. 또 물레방아와 같이 물이 떨어지거나 흐르는 힘을 이용해 곡식을 찧기도 했습니다. 플라스틱 숟가락과 코르크 마개 등을 이용해 물레방아의 원리를 직접 실험해 봅시다.

준비물 플라스틱 숟가락 6개 , 코르크 마개 , 송곳 , 뜨개질용 대바늘 필기도구

❶ 코르크 마개에 숟가락 꽂을 자리를 여섯 군데 표시합니다.

❷ 표시한 곳에 송곳으로 구멍을 뚫어 숟가락을 꽂은 뒤, 코르크 마개 중앙에 대바늘을 끼웁니다.

❸ 숟가락 물레방아 위로 물이 떨어지도록 한 뒤 움직임을 관찰합니다.

왜 그럴까요?

물을 틀고 수도꼭지에서 떨어지는 물에
숟가락 물레방아를 놓으면 숟가락이 빠르게
회전합니다. 물이 떨어지는 힘이 숟가락을
밀어내면서 움직이게 되는 것입니다. 실제
물레방아는 여기에 방아채와 방아공 같은
구조물을 더해, 곡식을 찧습니다. 예를 들어, 떨어지는 물에 의해 물레바퀴와
굴대가 돌아가면, 굴대의 발이 방아채를 움직여 방아공이 위아래로 운동하면서
곡식을 찧는 것이지요. 즉 떨어지는 물에 의한 위치 에너지와 방아채가 움직이는
운동 에너지가 서로 전환되고, 다시 운동 에너지와 위치 에너지가 전환되면서
움직이는 것입니다.

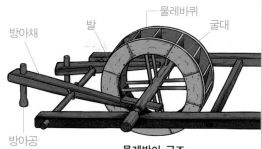

물레방아 구조

실험 2 마찰에 의한 에너지 전환

에너지가 서로 다른 형태의 에너지로 전환될 때 공기의 저항이나 마찰에 의해 열이
발생하기도 합니다. 마른 모래를 종이컵에 담아 흔들면, 종이컵 안에서 모래가
상하좌우로 흔들리며 마찰에 의해 열이 발생합니다. 간단한 실험을 통해
에너지 전환 시 발생하는 열에 대해 알아봅시다.

준비물 종이컵 📋, 마른 모래 🏜️, 온도계 ✏️, 삽 🔨, 종이봉투 📙 (혹은 비닐봉지)

❶ 놀이터나 운동장에서 모래를
   구합니다. 만약 모래가 젖어 있을
   경우에는 햇빛에 말려 사용합니다.

❷ 종이컵에 모래를 담고 온도계를
   이용해 온도를 측정합니다.

❸ 종이컵 입구를 손바닥으로 막고
50회 이상 흔듭니다.

오!
조금 상승했어!

❹ ❷와 같은 방법으로 다시 모래의
온도를 측정합니다.

찜질용 모래로
만들어 주마!

❺ 이번에는 약 300회 이상
흔든 뒤 온도를 측정해 봅니다.

왜 그럴까요?

종이컵을 흔들면 컵 속의 모래가 흔들리면서
운동 에너지를 갖게 됩니다. 이때 모래 사이에
마찰이 일어나면서 열이 발생해 모래의 온도가
상승합니다. 모래의 위치 에너지와 운동
에너지가 열에너지로 전환된 것입니다.
이처럼 열에너지가 발생할 경우, 물체가 갖는
위치 에너지와 운동 에너지의 합은 일정하지
않습니다. 하지만 이때 발생하는 열에너지까지
모두 합하면 에너지의 합은 항상 일정합니다.
이것을 에너지 보존 법칙이라고 합니다.

©Wikipedia

행글라이더 낙하 시 위치 에너지가 운동
에너지로 전환되고, 일부는 마찰력과 공기
저항에 의해 열에너지로 전환된다.

제**2**화

사라진 증거

서류는 내가 확인하마.
너희는 이제 그만
돌아가거라.

?!

돌아가다니?
신청서를 본 건 나야.
그것만 찾으면 되는데,
왜?!

옳소!

전 이 사건의
주인공이라고요!

드라마를 너무
많이 봤어……

가설 선생님 말대로 하는 게 좋겠구나. 더 개입하면 너희가 위험해질 수 있어.

너희는 아직 대결이 남아 있으니, 여긴 우리에게 맡기고……

하지만 선생님!

에릭…….

$E = mc^2$!

아……!

훠이, 훠이~! 나쁜 주문은 물렀거라!

전 그런 이상한 거 몰라요. 그러니 아무도 절 말릴 수 없…….

사무실

철컥

어? 네가 왜 거기서 나오냐?

멈칫

아, 안녕하세요?

그, 그럼 전 이만…….

후다닥

하여간 한결같은 녀석!

아는 척 좀 하면 어디가 덧나냐?

홍보실

허둥 저둥

첫

…….

계속 그렇게 머뭇거리고 계실 거예요?

이번 사건의 가장 큰 피해자로서, 빨리 증거를 찾아서 범인을 잡아야 안심하고 실험에만 집중하죠!

고집불통 녀석 같으니!

약속했다! 그럼 확인만 되면 바로 돌아가는 거야.

넵!

탁 탁 탁 탁

응?

잠시 실례하겠습니다~.

아니, 선생님이 이 시간에 여긴 어쩐 일로…….

설마!

증거를 없애려고?

움찔

급해서 그러는데,
배 좀 치워
주시지요.

끙...

그렇게는 못하죠.

찬물도
위아래가 있는데!

교장
선생님!

제가 도와
드릴게요!

다 다 다

오오오오오...

저만 믿으세요!

꿀꺽

움찔

두 두

두두두

갑니다!
힘의 전달!

두

어?!

잠깐.
그러고 보니
아까!

설마
그 녀석이?!

분명
그 녀석 짓이야!

우주야, 너무 실망 말거라.
이 일은 우리가
잘 처리할 테니……

넌 이제 그만
연습하러
가야지……

실망은요, 무슨~.
그럼 여긴 교장 선생님께
맡기고 저흰 이만
가 볼게요.

우주야?

이렇게 중요한 순간에!

에릭 녀석 말이야! 그렇게 쉽게 포기하다니!

아!

아까 가설 선생님이 얘기했던 그 이론 말이야. 아인슈타인에 대해서 배울 때 들은 적 있어.

아인슈타인이라면 그 곱슬머리 괴짜 과학자?

응, 우주도 아는구나?

E＝mc²였지?

하긴 과학의 역사를 새로 쓴 과학자니까.

맞아! 바로 그 주문이었어!

그러고 보니, 예전에 원소가 그런 비슷한 말을 했던 거 같아.

흠~

E＝mc²는 아인슈타인이 증명한 방정식이야. 이 방정식은 에너지 보존 법칙을 성립하는 데 영향을 끼쳤지.

병원에서 에너지가 어쩌고저쩌고.

?

아, 그랬구나!

하아아

역시 원소는 알고 있었어.

48

청소 도구실을 포함해서
총 네 칸이렀다!

자, 슬슬
사냥을 시작해
볼까?

저벅

저벅

여긴 없고!

덜컹

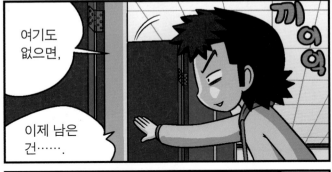

여기도
없으면,

이제 남은
건…….

끼이익

척

단
한 곳!

쾅

움찔

철컥

쿠르르르

제임스 프레스콧 줄 (James Prescott Joule.)

제임스 프레스콧 줄(1818~1889)
오늘날 사용하는 일·에너지·열량의
단위 J(줄)은 모두 그의 이름에서
따온 것이다.

영국의 물리학자인 제임스 줄은 에너지 보존의 법칙을
확립하는 데 기여하였으며, 운동과 관련된 역학적
에너지가 열로 바뀌는 것을 발견한 최초의
과학자입니다.

줄은 20세 무렵, 도체 주변에서 자기장을
변화시켰을 때 전압이 유도되어 전류가 흐르는
'전자기 유도 법칙'에 자극을 받아 일과 전기,
열에 대한 연구를 시작하였고, 도체에 전기가 흐르면
일정한 양의 열이 발생한다는 것을 발견했습니다.
이것을 '줄의 법칙'이라고 합니다. 그 후 줄은 열의
일당량을 보다 정확한 수치로 나타내기 위해 '줄의

실험'을 하게 됩니다. 그가 고안한 실험 장치는 양쪽에 추가 달린 형태로, 이것을
움직이면 물통 안의 프로펠러가 추의 움직임을 인식해 물을 휘저어 열을 발생시키는
것입니다. 이때 데워진 물의 온도를 측정하여 열의 양을 측정하게 됩니다. 줄은 이
실험으로 '일'이 '열'로 바뀐다는 것을 증명하였으며, 열이 에너지의 일부라는 것도
증명해 냈습니다. 이 발견은 훗날 에너지 보존 법칙을 정립하는 데 밑바탕이
되었습니다. 이후 줄은 물리학자인 톰슨과 함께 '압축된 공기를 좁은 관이나 구멍을
통해 팽창시키면 온도가 내려간다'는 것을 발견해
'줄-톰슨 효과'를 발표하기도 했습니다.
이 효과는 오늘날 에어컨과 냉장고 등의
냉매에 널리 사용되고 있습니다.

줄의 실험 용기 안으로 열이 들어가지
않도록 단열한 뒤, 끈에 매단 추가 중력에 의해
움직이면 물속의 프로펠러가 회전하여 물이
데워지게 된다. 이것으로 열이 에너지의
한 형태라는 것을 증명했다.

모든 것은
실험을 해 봐야
알 수 있지.

기대하시라~, 신개념 자동차!

털 알르레기 반응으로 움직이는 무한 에너지 자동차!

슈웅~

굉장해요! 인류가 에너지를 사용한 이래, 가장 획기적인 에너지가 될 거예요!

어때? 최고의 청정 에너지가 되겠지?

다만……

?!

자동차에 넣을 털을 계속 자라게 하려면, 먹어도 먹어도 끝이 없다는 단점이!

인류는 불을 피워 열과 빛에너지를 이용한 것을 시작으로, 물과 바람 같은 운동 에너지를 이용해 왔습니다.

18세기에 들어서는 열에너지를 화학 에너지로 바꾸는 증기 기관이 만들어지면서, 그야말로 폭발적인 산업 발전을 이룩하였지요.

와트의 증기 기관

20세기에 들어서는 발전기를 이용해 운동 에너지를 전기 에너지로 전환하는 기술뿐만 아니라, 원자력 에너지까지 개발되었습니다.

화력 발전소

원자력 발전소

그 밖에도 조력, 태양열 등을 이용한 친환경 에너지 개발 연구가 활발히 진행 중입니다.

제3화

절대 변하지 않는 법칙!

거기 서!

탓

서란다고 서는 놈이 어딨냐?!

이대로는 못 가! 잠깐 얘기 좀 해.

넌 또 뭐야?

척

팟

헉!

슈욱

척!

헙!

팡

너, 넌 누구냐?

헉헉 헉 헉

덥석

잡았다!

으윽!

좋게 말할 때 이거 놔!

놓으라니까! 이 찰거머리 같은 녀석!

그렇게는 못 하지!

훽

훽

너 오늘 제대로 걸렸어!

흐아아압

쑥

으악!

어, 어?

휙 청 퍽

너 지금 뭐 하는 거냐, 더럽게?

아! 왔구나!

이걸 빨리 꺼내야 해.

허헝, 그 녀석이 신청서를 변기에 버리고 물을 내렸어.

혹시 알아? 도로 나올지…….

그래서 지금 변기 뚫으려고?

그럼 도와 달라고 소리는 왜 친 거야?

흠…….

허헝은 어딨어?

그게, 나도 놀랐다니까~.

그 녀석 어찌나 다리 힘이 센지, 아무리 붙잡아도 자꾸 버둥거리잖아.

그런데 갑자기 그 녀석 신발이 벗겨지는 바람에…….

결론만 말해!

62

란이랑 허홍이 뒤엉켜서 청소 도구실 쪽으로 넘어졌는데, 문이 고장 나서 둘이 갇혔어.

왔으면 빨리 문부터 열어야지, 뭐 하는 거야?

빨리 열어!

쾅 쾅 쾅 쾅

도와줄 사람은 불렀지?

아니!

왜?

몰라서 물어? 란이가 허홍과 단둘이 갇혀 있는데, 어떻게 이 자리를 떠?

애비~

누굴 치한으로 봐?!

흠....

쾅 쾅 쾅

지만이 넌 어서 가서 상황 얘기하고 도움을 청해.

응, 알았어.

그럼 난 잠시 실례!

63

철컥

철컥

소용없어!
힘으로 할 수
있는 건 이미
다 해 봤어.

빼꼼

동시에 안에서
밀고 밖에서 당겨도
꼼짝 안 해.

……!

철컥

철컥

하필이면 이럴 때 수리를
맡길 건 뭐람~.

내 주머니칼만
있었으면 금방
고쳤을
텐데…….

쿠ㅇㅇ

…….

둘 다 괜찮아?

응,
난 괜찮아.

그런데…….

허홍이 조금 이상한 것 같아.

난 아무렇지 않으니까 어서 문이나 열어!

헉...

허, 허홍! 괜찮아?

저리 비켜! 이게 다 너 때문이잖아!

난 여기 갇혀서 죽기 싫어!

어서 문 열어!

!!

엄마야!

뭐야, 저 녀석 또 겁먹은 거야?

저번 캠프 때도 그러더니만.

감 잡았어! 너 그때처럼 연기하면 우리가 봐줄까 봐 그러지?

번뜩

신청서를 훔친 간 큰 녀석이 기껏 화장실에 갇혔다고 벌벌 떠는 게 말이 되냐?

…….

66

저 녀석,
폐소 공포증이 있어.

폐, 폐소 공포증?

어릴 때 수영장에 빠져
의식을 잃은 적이 있어.
그 이후로…….

아. 그래서…….

그때!!

물이나 좁은
공간에 있으면
불안 증세가 나타나.

헉‥‥

헉‥‥

헉‥‥

부들

부들

부들

살려 줘!

흠칫

주춤

허흥 상태가 점점 나빠지는 것 같아. 숨도 가빠지고!

밖으로 나오면 괜찮아질 거야. 그동안만 부탁해.

일단 최대한 편한 자세가 되도록 벽에 기대앉게 하고,

허흥, 이리 좀 와 봐.

스윽

스윽

이걸로 식은땀을 닦아 줘. 그대로 두면 체온이 더 떨어질 거야.

알겠어.

이거 치워!

휙

잠깐 기다려 봐.

몸을 따뜻하게 할 만한 걸 찾아올게.

따뜻하게?!

!!

아, 따뜻한 손~!
바로 그거야!

추운 겨울날
가지고 다니는
손난로!

그걸 손에 쥐고
있으면 추위가
한결 가시잖아.

뭐?

화학 실험책에서
만드는 방법을
본 적 있어!

강원소,
너 그거 만들 수 있지?

!!

아…….

준비물이 뭐야?

아세트산나트륨 300g.
세 개 정도는
만들어야 하니까.

아세트산나

70

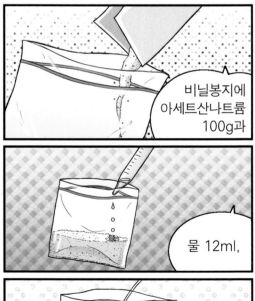
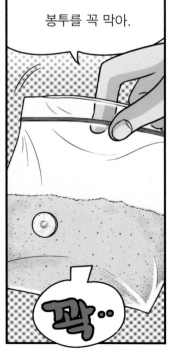

쉽네!
나도 두 개 완성!

그럼......

이제 아세트산나트륨이
완전히 녹을 때까지
끓는 물에 가열하면 돼.

스윽

오호!

오오~

끓는 물로 손난로를 데워서
그 온기를 이용하는
원리구나!

아닌데?

헤?

이건 아세트산나트륨의
과포화 상태를 이용한 거야.

과,
과포화?
너 뭐
먹었어?

이걸 잘 봐!

용해는 들어 봤지?

한 물질이 다른 물질에 녹아 고르게 섞이는 현상!

용해 전

용해 중

용해 후

오~, 아세트산나트륨이 물에 완전히 녹았네?

그게 과포화 상태라는 거야?

용질이 녹았다고 다 과포화 상태는 아니야.

예를 들어, 일정한 온도의 물 100g에 황산구리 양을 달리해서 넣었을 때,

용질이 더 녹을 수 있는 상태를 불포화 용액이라고 해.

황산구리   물

용질이 최대로 녹아 더 이상 녹을 수 없는 상태를 포화 용액, 그보다 더 많은 용질이 녹아 있을 때를 과포화 용액이라고 하는데, 이때 용액의 상태는 매우 불안정해.

이거 받아.

응!

<황산구리의 변화>

불포화 용액   포화 용액   과포화 용액

그냥 액체 상태인데 불안정하다고?

오~

그 똑딱단추를 꺾어 봐.

아, 이걸 넣었지?!

똑딱

과포화 용액은 매우 불안정해서 외부에서 충격을 받으면 쉽게 결정이 돼. 이 반응으로 액체가 고체로 응고되면서 열을 밖으로 방출하는 거야.

그래서 손난로 역할을 하는 거지.

첨벙

ㅅㅅㅅㅅ

아! 정말 고체로 변하면서,

짠

뜨거워지고 있어!

후끈

란이야, 받아!

내가 미리 데워 놨어!

뚝 뚝

이거면 좀 진정이 될 거야!

스윽

응, 고마워!

그 녀석은 좀 어때?

끙...

기웃

발밖에 안 보인다…….

기웃

아직은…….

손난로를 더 많이 만들 걸 그랬어!

금방 식을 텐데!

아차차

걱정 마.

이건 식으면 언제든지 다시 데워서 재사용할 수 있으니까.

오호, 무한 재사용이라 이거지?!

이리 줘, 내가 넣어 줄게.

탁

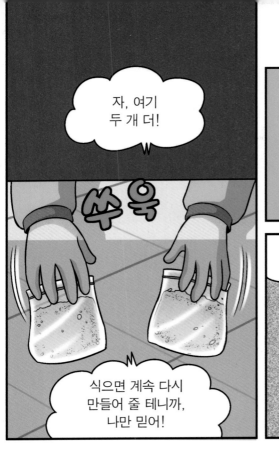

자, 여기
두 개 더!

쑤욱

식으면 계속 다시
만들어 줄 테니까,
나만 믿어!

응!

따끈~

자, 여기…….

저, 저리
치…….

척

금방 따뜻해질 거야.

옆에 사람이
있어…….

따. 따뜻하다.

허훙! 무서울 거
하나 없어!

우리 모두 네가
나올 때까지
여기서 떠나지
않을 테니까!

네 죄를
네가 알렸다!

나. 난 괜찮아.
괘. 괜…….

누가 모른대?

분자의 운동으로 인한
화학 반응으로
열이 발생하는 거잖아.
액체가 고체로
응고되면서 생기는
발열 반응!

분자의 운동으로
아세트산나트륨 용해됨.

액체에서 고체로
상태 변화가 일어나면서
발열 반응 일어남.

누굴 바보로
알아?

그리고 하나 더 있어.
바로 에너지의 전환.
분자의 운동 에너지가
열에너지로 전환된다.

세상의 그 어떤 과학 법칙이
변한다고 해도. 절대 변하지
않을 확고한 물리 법칙!!

하지만 에너지의 형태가
바뀌었을 뿐, 그 총량은
절대 변하지 않는다!

쿵…

너……, 계속
기억하고 있었어?

생활 속 에너지

사람은 태어나면서 죽을 때까지 하루도 빠짐없이 에너지를 사용합니다. 이러한
에너지는 음식물을 섭취하거나 호흡을 통하여 얻습니다. 우리 몸뿐만 아니라
에너지는 생활 속에서도 매우 다양하게 이용됩니다. 집 안이나, 혹은 집 밖에서
에너지가 이용되는 예를 찾아봅시다.

생물의 에너지 이용

모든 생물은 에너지를 얻어 그것을 사용하고
있습니다. 식물은 광합성을 할 때 태양의
빛에너지를 화학 에너지로 전환하여 저장하고,
동물과 사람은 먹이와 음식의 화학 변화, 호흡
등을 통하여 화학 에너지를 저장합니다. 이러한
과정을 세포 호흡이라고 합니다. 세포 호흡의 주된
기능은 화학 결합으로 저장된 에너지를 세포들이
사용할 수 있는 에너지로 전환하는 것입니다. 이때
방출되는 에너지는 체온 조절과 심장 박동, 근육의 수축과 이완, 성장 같은
생명 활동에 쓰입니다.

· 식물의 세포 호흡 과정 ·

빛에너지

광합성
이산화탄소+
물 +빛=포도당

식물 세포

성장 및 생명 유지

· 사람의 세포 호흡 과정 ·

음식물 섭취

동물 세포

세포로 전달

소화·호흡

체온 조절

근육 운동

정신적 활동

성장 관여

집에서의 에너지 이용

텔레비전, 라디오, 전자레인지, 다리미, 세탁기, 냉장고 등 가정에서 사용하는
가전제품은 대개 전기 에너지를 이용합니다. 전기 에너지는 발전소에서 역학적
에너지, 열에너지, 원자력 에너지
등을 전기 에너지로 전환하여
가정까지 공급하는 것으로,
기계에서 다시 다른 형태의
에너지로 전환되어 쓰이게 됩니다.
전구를 사용하면 빛에너지로,
난로를 사용하면 열에너지 등으로
전환되는 것입니다.

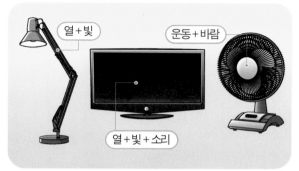

전자 제품의 다양한 에너지 전환

이동 수단의 에너지 이용

대표적인 이동 수단인 자동차는 주로 열에너지를 이용합니다. 과거 증기 자동차는
석탄의 연소에 의한 열에너지를 화학 에너지로 전환한 것이며, 오늘날의 자동차는
석유와 액화 석유 가스인
LPG를 연료로 하여 화학
에너지를 얻습니다. 뿐만
아니라 최근에는 신재생
에너지에 대한 관심이 높아져
수소와 전기 등을 연료로
동력을 얻는 자동차도
등장하고 있습니다.

석유의 제조 과정

TIP 생활 속 에너지 절약

한 형태의 에너지가 다른 형태의 에너지로 전환될 때 전환 효율이 낮으면 많은 양의 열이 발생합니다.
따라서 에너지 효율이 좋은 제품을 사용하여 열 발생량을 줄이면, 그만큼 에너지를 절약할 수 있습니다.
제품의 에너지 효율은 1등급부터 5등급까지 구분되어 있는데, 1등급에 가까울수록 에너지 절약형
제품입니다. 실제로 1등급 제품을 사용하면 5등급 제품보다 약 30~40%의 에너지가 절감됩니다. 그 밖에도
냉장고를 가득 채우지 않거나 빨래를 모아서 하는 등의 생활 습관으로 에너지 절약을 실천할 수 있습니다.

제4화

의문의 동영상

누가 그걸 몰라?
화석 연료 없이 영원히
일할 수 있는 영구 기관을
이렇게 짧은 시간 안에
만든다니까 그러지!

발끈

네가 그걸 만들면
산업 혁명도 울고 가겠다!

하지만 이대로 있을 순 없어.
세계 곳곳에서 대규모 정전 사태가
일어나고, 자원을 놓고 전쟁까지
벌이고 있잖아.

100만 년 동안 만들어진 화석 연료의 양	=	세계인의 1년 소비량

게다가 에너지 사용량은
점점 늘어나고 있어.
이대로 가다간 머잖아
에너지 대란이 생길걸?

그래서 원자력 에너지가
개발된 거잖아.

원자력 발전소

태양열, 지열, 수력
풍력, 조력 등을 이용한
대체 에너지도
개발 중이고 말이야.

수력, 풍력,
태양열 발전소

하지만 이것만 성공하면
모든 에너지 걱정은
끝나는 거야!

내가 인류를
에너지 위기에서
구원하는 거지.

헤헤

훗⋯⋯.

허흥, 네가 인류를
구원한다고?

흠칫

86

너에게 난 경쟁자가 아니라······.

괜찮니?

란이야, 괜찮아?

후우°°°

후~

란이야, 고생했어.

학생, 나를 봐요! 이게 보이나요?

믿어 줘, 제발!

우아~

넌 양심을 집에 두고 다니냐?

신청서를 훔쳐서 없애 놓고 정정당당하다고?

그, 그건!

에릭의 말이 사실인지 아닌지 확인하러 간 것뿐이야!

그런데 신청서를 보는 순간 나도 모르게…….

순간적으로 그만!

정신을 차려 보니 내가 신청서를 찢어 들고 있었어.

정말 그것 때문이라고 생각해?

뭐?

넌 분명 실험 사고에 대해서 뭔가 알고 있었어!

그런데 모른 척했지.

아니야, 난 결백해! 사고가 있던 날, 교장 선생님이 너희 실험실로 들어가는 걸 본 게 다야!

나도 교장 선생님이 그랬을 줄은 몰랐다고!

그럼 교장 선생님이 직접 그 일을 꾸몄다는 거야?

정말이야.

난 그것밖에 몰라.

믿건 말건,

그건 너희 마음이지만!

......

야! 그냥 가면 어떡해!

기다려, 허홍!

이거 놔!

강원소, 너 또?!

!!

두둥

화들짝

깜짝

우주야, 안녕?

뿡굿

너 언제부터 여기 있었어? 분명 화장실엔 아무도 없었는데!

덜덜덜덜덜

아!

어떻게 여기 있는 거야?

이런! 범우주, 관찰력을 좀 키워야겠는걸?

아까 첫 번째 칸에서 널 지켜보고 있었는데, 못 보고 그냥 지나치더라?

여기도 없어.

후웃

덜컹

하아…

네가 날 왜 지켜봐? 그것도 화장실에서?

훗! 습관이란 무서운 거야……!

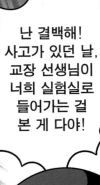

난 결백해!
사고가 있던 날,
교장 선생님이
너희 실험실로
들어가는 걸
본 게 다야!

대결장의 내부 전체에는
만약의 실험 사고에 대비해
24시간 감시 카메라가
돌고 있습니다.

그리고 그 데이터는
일정 기간 안전
관리실에 보관되지요.

위이잉..

철컥

허홍의 말이 사실이라면
그날 태양초 교장 선생님이
우리 실험실에 들어간 모습이,

녹화되어
있을 거야!
만약 그 장면만
우리가 찾아내면,

가설 선생님이
돌아오실 수 있어.

와!

빨리
찾으러 가 보자!

자, 잠깐!

멈칫

회의실

회의 시작하겠습니다.

모두 회의실로 들어와 주십시오.

저벅

철컥

저벅

저벅

저벅

저벅

지금부터 새벽초 실험 사고에 대한 지도 교사 가설 선생님의 징계에 관한 회의를 시작하겠습니다.

탁 탁 탁

서둘러!

더 빠른 길 없어?

탁

탁

탁

다 왔어!

98

웅성
웅성
웅성

쿠……

이런, 태양초 교장의 말에
모두 동요하고 있어!

이대로
가다가는…….

찌이잉~

찌이이잉…

동영상 메시지?
이런 상황에 누가……?!

응?

삐

실험실
동영상?

아!

설마? 이 동영상을 보고 있는 건가?!

안 돼!

이런 짓을 하고도 뻔뻔하게!

으윽!

하늘이 우릴 도왔어요! 이것만 공개하면 모두 해결될 겁니다!

…….

잠깐만요!

모두들 아시다시피,

저는 이전에 실험 사고로 가르치던 학생들을 떠난 경험이 있습니다.

학생들을 다치게 했다는 죄책감 때문에, 오래도록 아이들 앞에 설 용기가 나지 않았습니다.

하지만 아이들은 저와 달랐습니다. 사고의 충격과 상처를 극복하고, 멋지게 자기 삶의 주인공이 되어 있더군요.

저는 그것을 보고 깨달았습니다.

선생님이 아이들을 위해 할 수 있는 일은 아이들의 미래를 책임지는 것이 아니라, 아이들이 스스로 성장할 수 있도록 지켜보는 것이라는 사실을 말입니다.

실험 중 일어난 사고에 대한 지도 교사 징계 결정권은,

해당 학교의 고유 권한임을 인정하여 학교장의 결정에 맡기도록 하겠습니다.

이상 회의를 마치겠습니다.

부들

으……

부들

그 말은?!

두 근

벌 컥

우아!

깜 짝

선생님이 돌아오셨다!!

롤러코스터 만들기

실험 보고서	
실험 주제	동력 없이 위치 에너지와 운동 에너지의 전환만으로 움직이는 롤러코스터의 원리를 이해합니다.
준비물	❶ 구멍이 뚫린 나무 받침대 ❷ 졸대 ❸ 나사 ❹ 우드락 보드 ❺ 네오디움 자석(지름 10mm, 8mm) ❻ 드라이버 ❼ 쇠구슬 4개 ❽ 30cm 자 ❾ 케이블타이 2개 ❿ 필기도구
실험 예상	위치 에너지와 운동 에너지의 전환으로 움직이는 롤러코스터의 원리와 롤러코스터에 작용하는 구심력을 알 수 있을 것입니다.
주의 사항	❶ 졸대가 구부러져 각이 생기면 쇠구슬이 중간에 떨어질 수 있으므로, 곡선을 잘 유지하며 레일을 만듭니다. ❷ 나무 받침대에 졸대를 케이블타이로 고정할 때, 반드시 자석이 들어갈 공간을 남겨 둬야 합니다. ❸ 자석의 힘이 강해, 자석끼리 달라붙으면 떨어뜨리기 어려우므로 두 자석을 떨어뜨려 보관합니다.

실험 방법

❶ 필기도구로 졸대의 약 13cm 지점에 표시를 합니다.

❷ 나무 받침대 밑면에 우드락 보드를 붙여 다리를 만듭니다.

❸ ❶에서 표시해 둔 부분을 꺾어 졸대를 세운 뒤, 나사로 나무 받침대에 단단히 고정합니다.

❹ 나머지 졸대를 알맞게 둥글려 레일을 완성합니다.

❺ 케이블타이를 나무 받침대 밑에서부터 끼워 졸대를 고정합니다. 이때 자석이 들어갈 공간을 남겨 둡니다.

❶

❷

❸
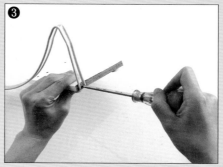

자석이 들어갈 공간
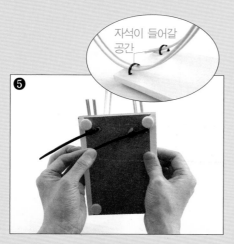

❺

❹
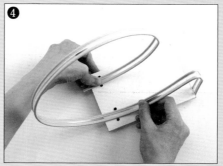

❻ 케이블타이와 졸대 사이 공간에
   각각 지름 10mm 자석과 8mm
   자석을 끼웁니다.

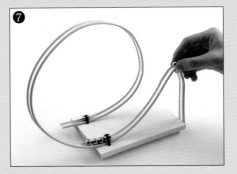

❼ 지름 10mm 자석 앞에 쇠구슬
   세 개를 놓은 뒤, 다른 쇠구슬
   한 개를 출발점에서 떨어뜨립니다.

실험 결과

출발점에서 쇠구슬을 떨어뜨리자,
자석 앞의 쇠구슬 중 가장 앞에 있는
것이 졸대를 타고 도착점까지
도착합니다.

왜 그럴까요?

놀이공원의 롤러코스터는 모터의 동력을 이용해 높은 곳까지 이동합니다. 하지만
이후에는 동력이 따로 필요 없습니다. 수십 미터 높이까지 올라간 롤러코스터가
떨어지면서 위치 에너지가 운동 에너지로 전환되고, 이후 올라갔다 내려오는 운동을
반복하면서 일정한 에너지를 갖기 때문입니다. 또 롤러코스터가 레일을 회전할 때
밖으로 튕겨 나가지 않는 이유는 물체가 원 바깥으로 나아가려는 원심력과
원 중심으로 작용하는 구심력이 평형을 이루기 때문입니다.
실험에서 쇠구슬을 이용한 것은 자기력을 이용해 제동력을 얻기 위한 것으로,
쇠구슬은 레일을 한 바퀴 돈 뒤 도착점에 있는 자석의 힘에 이끌려 멈추게 됩니다.
자석의 가장 앞 쇠구슬이 움직이는 것은 자기력의 세기에 의한 것입니다.

맛있는 도토리 스튜~.

지구에 있는 모든 에너지의 근원이자 최초의 에너지는 바로 태양 에너지입니다.

쟁~

우아! 박사님도 잘난 박사님처럼 집 안에서 필요한 모든 에너지를 친환경 에너지인 태양열에서 얻으시는군요?

와~

양?

최근에는 집열판에 태양열을 모아 발전기를 돌려 전기를 만들어 내기도 하지요. 이것을 태양열 발전이라고 합니다.

또 식물은 태양 에너지를 통해 광합성을 하고, 이러한 식물은 동물과 사람의 식량이 되기 때문에, 최초의 에너지라고 할 수 있지요.

아니! 태양 에너지는 모든 에너지의 근원으로,

어디서나 누구나 마음만 먹으면 이용할 수 있는 에너지지! 그래서 난!

누가 나 잘난 박사를 따라 하겠나?

| 태양 | 식물 | 초식 동물 | 육·잡식 동물 |

태양 에너지를 받아 생물이 안정되게 번성하고, 이러한 식물과 동물이 땅속에 묻히면 석탄과 석유 같은 화석 연료가 됩니다.

화석화

달빛 에너지를 이용하겠어!

어쩐지 도토리가 전혀 안 익더라니……

도전 정신이 중요한 거야!

또 바람과 물 등도 모두 태양의 영향을 받습니다. 그래서 태양 에너지를 에너지의 근원이라고 하는 거예요.

태양만세~

달콤한 실험

화르륵
진심으로 1승을 바라신다면!
바란다면?
화르르
디저트까지 쏘세요!
짠
움찔
솜사탕 1000원
위이잉~
와, 솜사탕이다!
음~, 달콤한 냄새!
쿵쿵
아저씨, 솜사탕 6개…….
읍
텁

123

위이이잉~
아쉽지만 할 수 없지.
응, 솜사탕은 다음에 먹자~.
미래 빌딩
찰싹
어디 보자, 내 주머니도 비었나……?!
어렸을 땐 나도 솜사탕을 참 좋아했는데…….
뒤적 뒤적
매일 솜사탕만 먹겠다고 떼를 썼을 정도로 말이야.
!!
가만…….
솜사탕을 좋아했다고?
선생님이 솜사탕을요?
그래, 솜사탕 가게 주인이 되는 게 꿈이었단다!
남으면 모두 내 거!
아구 아구
하하
…….

우주랑 비슷하신데요?
지난번에 설탕 과자를 팔아서
용돈을 벌겠다더니,

결국 자기가 다
먹어 치웠잖아요.

와작 와작

기억나냐? 하하

정말이야,
우주야?

어?

왠지 등이
허전한 게…….

그새 어디 갔지?

말도 없이
어딜 간 거야?!

또 무슨 사고를
치려고…….

휘 이 이 이 ∞

125

도서관

A10 지구과학
← 지구 화석 →

분명히
봤어!

이쯤이었는데……

파

파 파

!!

설명대로 만들었는데, 뭐가 이렇게 다르냐?

흠…

후줄근~

샤방~

어쩐지 기분 나쁘다…….

주머니칼만 있었다면 책보다 더 근사하게 만들 수 있었을 텐데!

내일 대결이 끝나는 대로 찾아와서, 다시 만들어야겠어!

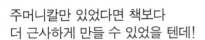

쳇

난 가스 점화기 대신 초를 이용해 불을 켜고,

짝

모터에 건전지를 연결한 뒤!

워어어잉

달각

설탕을 한 스푼 넣어…….

스욱

워어어잉

아······.

나온다!

우아!

성공이야! 됐어, 진짜 솜사탕이야!

굉장해!

그런데······.

애걔, 이게 다야?

내가 생각했던 솜사탕의 절반도 안 되잖아?

게다가 타기까지 했어.

흠…….

솜사탕이 부드럽게 부풀어 올라야 하는데. 왜 이렇지? 탄 건 또 왜……?

설탕이 탄 걸 보면 불이 너무 세서 그런 것 같기도 하고…….

설탕의 양이 너무 적었나?

아직 실패 원인을 못 찾았나 보구나?

또 너냐……? 이젠 놀랍지도 않다.

응, 도움이 필요할 것 같아서.

도움 필요 없어!

원인은 뻔하잖아. 설탕 상태를 봐.

문제는 바로 불의 세기!

아니면 모터의 회전 속도!

모터의 회전 속도?

그렇다면 핵심 원리는 바로⋯⋯.

원심력!

그래! 원운동을 하는 물체가 원 중심 밖으로 나가려는 가상의 힘!

쿠르르릉

그 원심력이 솜사탕 기계의 핵심 원리지!

그렇다면 회전력을 높여 문제를 해결하면 돼!

두 두 두 두 두

모터를 더 강력한 걸로 바꾸면 되겠다!

그럼 기계를 더 크게 만들 수도 있겠는걸?

참! 이 실험실에서 이 모터가 제일 강한 거였지?

그럼 엔진 같은 고성능 모터를 신청하면 해결되겠군.

훗, 역시 난 천재야!

큰 바퀴와 작은 바퀴는
이 정도면 됐고……

아, 고정할 게
필요하겠다!

이거 일이 술술
풀리는구먼~!

내가 왜 진작
그 생각을 못했지?

우, 우주야.
잠깐 내 얘기
좀……

내
생각에는
말이야……

그래! 이 정도면
딱이야!

저…….

자, 이제 두 바퀴를
연결하는 줄을 걸고,

내 말
안 들리니?

이건.

아!

춥고 외로워!

손잡이만 만들면, 끝!

뭐지?

오~!
그럴듯한데?

같이 있지만
혼자인 것 같은 기분!!

E＝mc²!

뭐?

자, 잠깐!

네가 그것까지
알고 있었단 말이야?

……。

이제야,

?!

가설 선생님과 에릭,
원소가 했던 이야기들을!

그건 바로!

조금 알 것 같아!

우리의 변하지 않는
에너지……!

손난로 만들기

	실험 보고서
실험 주제	과포화된 아세트산나트륨 용액이 굳으면서 열이 발생하는 원리를 이해합니다.
준비물	❶ 전자저울 ❷ 아세트산나트륨 100g ❸ 알코올램프 ❹ 석면 쇠 그물 ❺ 삼발이 ❻ 비닐 접착기 ❼ 비닐봉지 ❽ 금속 똑딱단추 ❾ 비커 ❿ 스포이트 ⓫ 물
실험 예상	액체화된 아세트산나트륨이 외부 충격에 의해 순간적으로 고체화되면서 열이 발생할 것입니다.
주의 사항	❶ 알코올램프 사용 시 화재나 화상에 주의합니다. ❷ 비닐봉지는 비닐 접착기를 이용하여 완전히 밀폐합니다. ❸ 아세트산나트륨과 물의 양을 정확히 재어 실험합니다.

실험 방법

❶ 비커에 물을 담아 끓입니다.

❷ 비닐봉지에 아세트산나트륨 100g과 물 12ml를 넣습니다.

❸ 비닐 접착기로 비닐봉지의 입구를 밀폐한 뒤 뜨거운 물에 넣어 중탕합니다.

실험 결과

끓는 물에 넣자, 고체였던 아세트산나트륨이 완전히 녹아 액체 상태가 되었습니다.
이때 금속 똑딱단추를 꺾으면, 다시 고체로 응고되면서 열을 발생시킵니다.

왜 그럴까요?

아세트산나트륨 100g에 물 12ml를 넣어 중탕하면 과포화 상태의 용액이 됩니다. 과포화 용액이란 용매에 용질이 최대로 녹아 있는 포화 용액보다 더 많은 양의 용질이 녹아 있는 상태의 용액을 말합니다. 마치 음식을 배불리 먹어 포만감을 느끼는, 이상의 상태와 같지요. 과포화 용액은 다른 용액과는 달리 매우 불안정한 상태라 외부의 충격에 의해서 쉽게 다시 결정이 만들어지고, 이때 액체가 고체로 응고되면서 열을 밖으로 내보냅니다. 이러한 발열 반응 때문에 아세트산나트륨은 손난로뿐만 아니라 난방 시설 등에 다양하게 이용되고 있습니다.

제6화

실험왕이 될 거야!

기계는 다양한 형태의 에너지를
전환시키거나 전달시켜
일을 하는 장치니까.

에너지
전달, 전환
장치……?

끄덕
끄덕
끙……

뭐든 어렵게 설명하는 건
네 재능이냐?

그럼
우리가 흔히
알고 있는
지렛대와
도르래 같은
원리를
이용하면
되는 건가?

?!

응. 지렛대, 도르래, 축바퀴, 나사,
빗면 등과 같은 도구는 기계를 이루는
중요 요소지.

지렛대	도르래	축바퀴	나사	빗면

하지만 이번 대결은
과학적인 원리에만
신경 쓰면 안 돼.

기계는 무엇보다
실용적이어야
되니까.

나한테
좋은 생각이
있어!

불쑥

움찔

아주 환상적인
기계 실험!!

얼굴 좀
치우고 말해!

솜사탕 기계를
만들자!

솜사탕 기계?

그래!

실제 기계보다
작게 만들면 돼!
내가 어제 만들어 봤어!

이 실험이면
오늘 승리는 문제없다고!

하라락

그 실험을…….

네가 해 봤다고?

그렇다니까!
나만 믿어!

팡

벌써 실험을 정한 건가? 빠르군.

바보! 그게 아니라 더 커야 한다니까!

기계는 도구와 떼려야 뗄 수 없는 관계지. 만약 도구가 발전하지 않았다면 오늘날의 수많은 기계는 존재하지 않을 거야.

그래서 오늘 실험은……

아, 이거 어때?

인류의 발전은 도구의 발전이라고도 할 수 있잖아. 도구의 발전으로 농업, 산업, 건축 등이 발전했으니까.

그런 의미에서 역사 속 기계!

그……

투석기

꼬덕

투석기라면,

기원전 최고의 무기!

얼마 전에 영화에서 엄청난 무게의 돌을 멀리 던지는 기계를 봤는데……

좋아!

영화?

아, 그래! 투석기!

153

탄성력 외부의 힘으로 변형된 물체가 원래 상태로 돌아가려는 힘.	
지렛대의 원리 작용점, 받침점, 힘점을 이용해 적은 힘으로 무거운 물체를 들어 올리거나 멀리 움직일 수 있는 원리.	작용점 받침점 힘점
포물선 운동 일정한 크기의 힘으로 물체를 비스듬히 던졌을 때 포물선을 그리면 떨어지는 운동.	

투석기는 크게 탄성력, 지렛대의 원리, 포물선 운동을 이용하지.

숟가락과 나무 막대가 만나는 점이 받침점, 숟가락 머리와 손잡이 부분이 각각 작용점과 힘점이 돼.

숟가락의 머리를 당겼다 놓으면 고무줄의 탄성력에 의해 숟가락에 담긴 물체가 포물선을 그리며 날아가니까, 탄성력과 포물선 운동까지 보여 줄 수 있어.

꾸욱•••

팡~

하지만 그 정도라면 시시하지. 우리는 모터를 이용해 자동으로 움직이는 투석기를 만드는 거야.

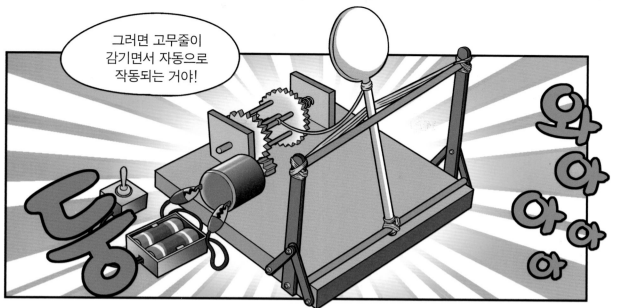

그러면 고무줄이 감기면서 자동으로 작동되는 거야!

와아아아

둥

자,

꿀꺽

그럼…….

작동시켜 볼까?

이제 모두에게 보여 줄 차례야! 전국 실험 대회에서의 우리의 마지막 실험을!

스윽

예상대로 성공이야! 정상적으로 작동하고 있어!

위이이잉

그럼 숟가락 위에 지우개를 올려놓고,

척

자, 지금이야! 다시 스위치를 켜!

딸각

성공!

와아아아

네!

한별초의 투석기 실험이 대성공입니다!

정말 즐거운 실험이었어! 그거면 돼!

와아아아아~

자칫 단순해 보일 수 있는 투석기에,

꿀꺽

동력을 제공하는 모터를 달아서 지렛대와 동력기 등 다양한 기계적 원리를 보여 줬습니다. 투석기에 동력 장치를 이용할 생각을 하다니, 대단한데요?

안녕하세요!
저 왔어요!

그럼 다시 새벽초
실험을······.

왜 그리 놀라세요?

뭘 보고
계셨길래······.

깜짝이야.
오늘 대결을 놓쳐서
지금 보는 중이거든.

이제 막
너희의
실험 결과가
나오려던
찰나인데······.

솜사탕이 제대로
안 만들어질까 봐,
한창 긴장하고
있었단다.

그거라면
마음 졸이실
거 없어요!

저희가
이겼거든요.

응?

정말이냐?

에릭이 지도 교사로 있는 한별초를 너희가 이겼다고?

대체 어떻게……?

어떻게라뇨?

당연히 이 천재 범우주 덕분이죠!

우주야…….

강원소에게 가려져 있던 제 진가가 오늘에서야 드러난 거 아니겠어요?

진열장 부서지면 네가 물어 주는 거다.

아!

내, 내려 갈게요.

그건 그렇고,

제 주머니칼은 수리되었어요?

아, 그렇지!

자, 여기 있다!

우아~, 너 반갑다! 이게 얼마 만이냐?!

아주 새것처럼 말끔히 고쳐 놨단다. 어떠냐? 한번 열어 봐~.

울먹 울먹

그동안 고생 많았어~. 형이 없어서 외로웠지?

아 잉

하야 아

다시는 헤어지지 말자!

당연하죠~!

정말 감동적이야!

쩡~

토닥

토닥

호오~

이 주머니칼에는 란이의 마음이 담겨 있는걸요.

역시 이 칼의 진가를 알아보는구나!

란이라니?

그 주머니칼이 란이하고도 무슨 상관이 있니?

아저씨도 참~, 아시면서!

란이가 제게 선물한 거잖아요. 잊으셨어요?

에이~

천사 같은 실험반 친구 란이 말이에요!

이렇게 예쁘게 생긴~!

그 친구 아닌데?

호, 혹시 기억 상실증?

으응?

내가 실험 대결을 얼마나 열심히 보는데, 그 친구를 못 알아볼까 봐?

!!

그, 그럼 대체 누가…….

그런데 난 그것도 모르고…….

내가 왜 그랬을까? 시간을 돌리고 싶다!

바보 바보

아이고~

여자 친구는 무슨~, 그냥 같은 실험반 친구가 준 거예요.

척

그래!

지금 내가 할 수 있는 건……!

태권도 부

초롱이를 만나 사과해야 해!

저벅

이얍!

태권!

그런데 초롱이는
어디 있어?

설마 어디
숨은 건 아니지?

할 말이 있어서
왔는데…….

초롱이는 지금
여기 없어!

초롱이가 여기 없다니?
그럼 어디 있는데?

초롱인 떠났어!
한 달 동안
국토 대장정을 갔다고!

구, 국토
대장정?

지금이 얼마나 중요한
순간인데, 바보같이!
몸 상태가 망가질
거라고 반대했지만,
결국 떠났어.

다음 세계 대회만
잘 치르면, 세계 주니어
랭킹 10위권에
들 수 있는데 말이야.

혹시…….

떠나면서까지
날 걱정한 거야?

두
근
...

내가
미안해할까 봐?

네가 조금이라도
초롱이를 위한다면,
초롱이의 선택을
존중해 줘.
그리고……

초롱이의 말처럼 너도
최선을 다하는 거다.

!!

뭐 하고 있어?
연습만이 살길!

와~

나의 최선…….

내일은 실험왕 ㉕ '일과 도구의 대결' 편도
많이 기대해 주세요.

에너지

사람은 음식물을 섭취해야 일을 계속할 수 있고, 기계는 연료를 공급받아야
작동할 수 있습니다. 음식물이나 연료처럼 일을 하기 위해 필요한 능력을
에너지라고 합니다. 에너지는 우리 눈에는 보이지 않지만 지구상의 모든 물체가
가지고 있습니다.

일과 에너지

에너지를 가진 물체는 일을 할 수
있고, 일을 한 물체는 에너지가
감소합니다. 또 일을 받은 물체는
받은 만큼 에너지가 증가합니다.
예를 들어, 공기의 미는 힘이
요트에 작용하여 요트가 움직이면,
공기는 가지고 있던 에너지는
감소하고 요트는 에너지가
증가하게 되는 것입니다.

에너지는 1807년 영국의 물리학자 토마스 영에 의해 처음으로 에너지라고 불리게
되었으며, 에너지의 단위는 J(줄)로 나타냅니다. 1J은 1N(뉴턴)의 힘으로 물체를
힘이 작용하는 방향으로 1m만큼 움직이는 데 필요한 에너지를 나타냅니다.

에너지의 종류

에너지는 형태에 따라 역학적 에너지, 화학 에너지, 위치 에너지, 운동 에너지,
열에너지, 빛에너지, 전기 에너지 등이 있습니다.
역학적 에너지는 물체가 가지고 있는 위치 에너지와 운동 에너지의 합을 나타내며,
화학 에너지는 화학 변화나 호흡 등을 통하여 이용할 수 있는 에너지를 말합니다.
높은 곳에 있는 물체가 가지고 있는 에너지는 위치 에너지, 운동하는 물체가 가지고
있는 에너지는 운동 에너지, 온도에 따라 달라지는 에너지는 열에너지, 빛을 내는
물체가 가지는 에너지는 빛에너지, 전류에 의한 에너지는 전기 에너지입니다.
이러한 에너지들이 나타나는 예는 주변에서 쉽게 찾아볼 수 있습니다.
어떤 것이 있을까요?

· 에너지의 종류 ·

화학 에너지   위치 에너지   운동 에너지

열에너지   빛에너지   전기 에너지

에너지 전환

에너지는 한 종류로 고정되어 있지 않고 여러 종류의 에너지로 바뀔 수 있습니다. 이것을 에너지 전환이라고 합니다. 번지 점프를 할 때는 낙하 시 위치 에너지가 운동 에너지로 바뀌고, 이것이 다시 줄의 탄성력에 의해 위치 에너지로 바뀌게 됩니다.

또 어떤 물건이 바닥에 떨어졌을 경우에는 위치 에너지에서 운동 에너지, 소리 에너지로 전환된 것입니다. 이처럼 에너지는 한 가지 이상으로 전환되기도 합니다.

하지만 이렇게 에너지가 전환되더라도 그 총량에는 변함이 없습니다. 이것을 에너지 보존 법칙이라고 합니다. 에너지 보존 법칙은 절대적인 자연 법칙으로 어떤 경우에도 어긋나지 않습니다.

©Shutterstock

번지점프 롤러코스터와 그네처럼 위치 에너지와 운동 에너지가 전환하는 예이다.

Guide

본격 대결
과학실험
만   화

내일은
실험왕 **24**

에너지의
대결

바람의 힘을 이용해 동력을 얻는

풍차 만들기

실험 키트

⚠️ 주의 사항을 먼저 읽은 후에 실험해 보세요!

돌아라,
풍차야!

- 반드시 보호자와 함께 실험하세요.
- 실험 재료를 빨거나 먹지 마세요.
- 실험 재료를 눈이나 코에 가까이 대지 마세요.
- 실험 재료를 다른 용도로 사용하지 마세요.
- 바람개비를 만들 때, 접는 선을 자르지 않도록 주의하세요.
- 바람개비와 나무 막대 이음새에 고무찰흙을 붙여 내구성을 높이세요.
- 종이컵에 물이나 지우개 등을 담아 다양하게 실험해 보세요.
- 선풍기, 드라이어와 같이 바람이 센 전자 제품으로 실험을 할 경우에는
  실험 키트가 파손될 위험이 있어요.

준비물

❶ 긴 우드락 보드 2개 ❷ 작은 우드락 보드 1개 ❸ 풍차 배경판 ❹ 바람개비 도안 ❺ 빨대

❻ 나무 막대 ❼ 종이컵 ❽ 핸드폰 고리 3개 ❾ 실 ❿ 고무찰흙

개인 준비물 가위, 양면테이프, 스카치테이프, 송곳, 자

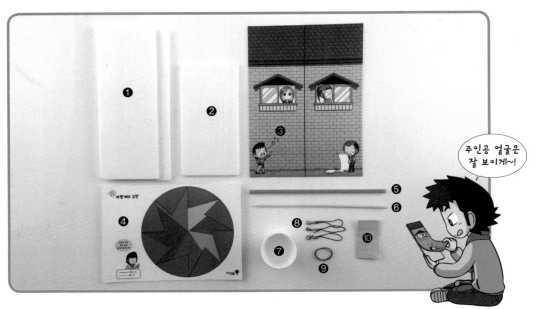

주인공 얼굴은
잘 보이게~!

풍차 만들기

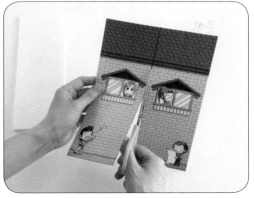

❶ 자르는 선을 따라 풍차 배경판을 오립니다.

❷ 자른 풍차 배경판을 양면테이프로 긴 우드락 보드에 각각 붙입니다.

❸ 작은 우드락 보드를 밑면에 두고 양쪽 가장자리에 긴 우드락 보드가 마주 보도록 스카치테이프로 붙여 삼각기둥을 만듭니다.

❹ 빨대를 약 13cm 정도 되도록 자릅니다.

빨대가 뒤쪽으로 길게 나오도록 한쪽 끝선에 맞춰 붙입니다.

❺ 빨대의 한쪽 면에 양면테이프를 붙여 삼각기둥의 윗부분에 붙입니다.

❻ 바람개비 도안의 자르고 접는 선에 따라 바람개비를 만듭니다.

❼ 송곳을 이용해 바람개비 중앙에 구멍을 뚫습니다.

❽ ❼의 구멍 뒷면에 고무찰흙을 붙인 뒤 나무 막대를 꽂습니다.

❾ 나무 막대를 꽂은 바람개비를 빨대 안에 넣습니다.

❿ 종이컵이 한쪽으로 치우치지 않도록 무게중심을 고려해, 핸드폰 고리를 연결합니다.

⓫ 세 개의 핸드폰 고리에 실을 끼워 나무 막대에 묶습니다. 바람이 불면 바람개비가 돌아가면서 실이 말려 올라갑니다.

실험 키트 속 과학 원리

풍차의 원리

풍차는 바람의 힘을 이용해 우리 생활에 필요한 곡식을 찧거나 물을 끌어올리는 데 사용해 온 도구입니다. 실험에서처럼 입으로 바람을 불면 바람개비가 돌아갑니다. 이때 바람개비에 연결된 나무 막대가 함께 회전하면서 실이 나무 막대에 감겨 종이컵이 위로 올라가는 것이지요. 이러한 방법으로 물을 퍼 올리고, 또 여기에 종이컵 대신 방아 등을 설치하면 방아가 위아래로 움직이며 곡식을 찧게 됩니다.

풍력 발전

오늘날에는 기술이 더욱 발전하여 바람개비가 돌아 발생하는 회전력과 발전기를 이용해 전기를 만들어 내기도 합니다. 이것을 풍력 발전이라고 합니다. 풍력 발전은 초기 설치 비용이 적게 들고 유지가 쉬워 세계적으로 각광 받는 신재생 에너지입니다. 바람이 많이 부는 섬이나 산간 지역에 적합하지요. 우리나라에서는 제주도와 대관령 등에서 볼 수 있습니다. 하지만 장소의 제약이 크고, 소규모 발전만 가능하다는 점, 소음이 심하고 하늘을 나는 새들에게는 위협이 될 수 있다는 점 등은 해결해야 할 과제입니다.

대관령 풍력 발전단지

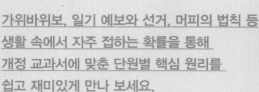

자연에서 찾은 기막힌 발명품!
그 속에 숨은 과학 원리를 찾아라!

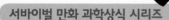

세계 탐험 만화 역사상식 32

페루에서 보물찾기

잉카 문명과 마추픽추의 나라, 페루에서 엘도라도의 신비를 밝혀라!

어느 날 페루에서 미스터리에 싸인 고대 문자 키푸가 발견되고 윌리엄 교수의 조교인 코야가 단 하나의 문장을 해석한다.
그러나 전설의 황금 도시, 엘도라도에 대한 단서를 품은 키푸는 온데간데없이 사라져 버리는데…….
키푸의 암호가 말하는 엘도라도는 과연 무엇일까?

글 달콤팩토리 | 그림 강경효 | 값 9,800원

〈페루에서 보물찾기〉의 명장면을 만나 보세요!

절찬 판매 중!

아이세움 i-seum | 서울특별시 서초구 잠원동 41-10 문의ㅣ 전화 02)3475-3800 팩스 02)541-8249 i-seum@i-seum.com www.mirae-n.com (주)미래엔